大方廣佛華嚴經 寫經

27

🪷 일러두기

1. 『사경본 한글역 대방광불화엄경』은 『독송본 한문·한글역 대방광불화엄경』에 수록된 한글역을 사경
   하는 데 편의를 도모하기 위해 편집을 달리하여 간행한 것이다.

2. 『독송본 한문·한글역 대방광불화엄경』은 실차난타가 한역(695~699)한 80권『대방광불화엄경』의
   한문 원문과 한글역을 함께 수록한 것이다. 한문 저본은 고종 2년(1865) 월정사에서 인경한 고려대
   장경『대방광불화엄경』이다.

3. 한글 번역은 동국역경원에서 발간한 한글 『대방광불화엄경』(운허)을 중심으로 하고 『신화엄경합론』
   (탄허)과 『대방광불화엄경 강설』(여천무비) 그리고 최근의 여타 번역본 등을 참조하였다.

4. 한글 번역은 독송과 사경을 위하여 정확성과 아울러 가독성을 고려하였다. 극존칭은 부처님과 불경
   계에 대해서만 사용하였다.

5. 사경본의 차례는 일러두기 → 한글역 본문 → 화엄경 목차 → 간행사이며 80권『대방광불화엄경』의
   권별 목차 순으로 독송본과 함께 간행한다. (법공양판에는 간행사 다음에 간행불사 동참자를 밝혀
   두었다.)

사경본 한글역

대방광불화엄경 제27권

25. 십회향품 [5]

수미해주

大方廣佛華嚴經第二十七卷變相 周

대방광불화엄경 제27권 변상도

대방광불화엄경

제27권

25. 십회향품 [5]

_____ 은(는)『대방광불화엄경』을
사경하는 인연공덕으로
『화엄경』이 널리 유통되고
우리 모두 다함께 보리 이루기를 발원하옵니다.

대방광불화엄경
제27권

25. 십회향품 [5]

"불자들이여, 보살마하살이 구걸하는 자에게 살갗에 닿아 있는 정수리의 상투를 보시하기를, 보계왕 보살과 승묘신 보살과 그리고 다른 한량없는 모든 보살들같이 한다.

보살이 그때에 구걸하는 자가 오

는 것을 보고 마음에 환희함을 내어 말하기를 '그대가 지금 만약 살갗에 닿아 있는 정수리의 상투를 구하면 나에게 와서 가져가라. 나의 이 정수리의 상투는 염부제에서 가장 제일이다.'라고 한다.

이 말을 할 때에 마음이 흔들리거나 어지럽지 아니하며, 다른 업을 생각하지 아니하며, 세간을 버리고 여의어 뜻에 적정을 구하며, 구경에 청정하며, 정근하고 순박하고 올곧아 일체지를 향하며, 문득 날카로운 칼을 잡고 그 머리 위 살갗에 닿아 있는 정수리의 상투를 베어서 오른 무릎을 땅에 대고 합장하며 일심으로 보시한다.

삼세 일체 모든 부처님과 보살들이 행하신 것을 바르게 생각하고 크게 환희함을 내어 즐거워하는 생각이 더하며, 모든 법 가운데서 뜻을 잘 깨달아 괴로움을 취하지 않으며, 괴로운 느낌이 모양도 없고 생겨남도 없으며, 모든 느낌이 번갈아 일어나고 항상 머무르지 아니함을 분명히

안다.

그러므로 나도 마땅히 과거와 미래와 현재의 일체 보살같이 크게 버리는 일을 닦아 행하여 깊이 믿고 즐겨함을 내어, 일체지를 구하여 퇴전하지 않으며, 다른 이의 가르침을 말미암지 않고 잘 아는 힘으로 한다.

보살마하살이 이 보시를 할 때에 모든 선근으로 이와 같이 회향한다.

이른바 일체 중생이 볼 수 없는 정수리를 얻어서 보살의 탑과 같은 상투를 성취하기를 원한다.

일체 중생이 검푸른 머리털과 금강의 머리털과 가늘고 부드러운 머리털을 얻어서 능히 중생들의 일체 번뇌를 소멸하기를 원한다.

일체 중생이 윤택한 머리털과 빽빽한 머리털과 귀밑과 이마를 침범하지 않는 머리털을 얻기를 원한다.

일체 중생이 유연한 머리털과 귀밑과 이마를 다하여 나는 머리털을 얻기를 원한다.

일체 중생이 만(卍)자와 같은 머리털과 소라무늬의 오른쪽으로 도는 머리털을 얻기를 원한다.

일체 중생이 부처님 모습의 머리털을 얻어서 일체 번뇌의 습기를 영원히 여의기를 원한다.

일체 중생이 광명의 머리털을 얻어서 그 빛이 시방세계를 널리 비추기를 원한다.

일체 중생이 헝클어지지 않는 머리털을 얻어서 여래의 두발과 같이 깨끗하고 미묘하여 잡됨이 없기를 원한다.

일체 중생이 공양을 받는 정상의

탑과 같은 머리털을 이루어 그것을 보는 자로 하여금 부처님 두발을 보는 것 같게 하기를 원한다.

일체 중생이 다 여래의 물들지 않는 머리털을 얻어서 일체 어두움으로 가려진 번뇌를 영원히 여의기를 원한다.

이것이 보살마하살이 살갗에 닿아 있는 상투를 보시할 때에 선근으로 회향하는 것이니, 중생들로 하여금 그 마음이 적정하며 모든 다라니를 원만히 하여 구경에 여래의 일체

종지와 열 가지 힘을 모두 얻게 하기 위한 까닭이다.

불자들이여, 보살마하살이 눈을 모든 구걸하러 오는 자들에게 보시하기를, 환희행 보살과 월광왕 보살과 그리고 다른 한량없는 모든 보살들이 보시를 행한 것과 같이 한다.

보살마하살이 눈을 보시할 때에 보시하는 눈을 청정히 하는 마음을 일으키며, 지혜의 눈을 청정히 하는 마음을 일으키며, 법의 광명에 의지하는 마음을 일으키며, 위없는 부처님의 도를 환하게 보는 마음을 일으킨다.

광대한 지혜에 회향하는 마음을 내며 삼세의 보살들과 더불어 평등하게 보시하는 마음을 내며 걸림 없는 눈을 내는데 깨끗한 신심을 깨뜨리지 않는 마음을 일으키며, 그 구걸하는 자에게 기쁘게 섭수하는 마음을 일으킨다.

일체 신통을 끝까지 얻기 위한 까닭이며, 부처님 눈을 내기 위한 까닭

17

이며, 넓고 큰 보리심을 증장하기 위한 까닭이며, 큰 자비를 닦아 익히기 위한 까닭이며, 육근을 제어하여 조복하기 위한 까닭으로 이와 같은 법에 그 마음을 낸다.

불자들이여, 보살마하살이 눈을 보시할 때에 그 구걸하는 자에게 좋아하는 마음을 내고, 보시하는 모임을 시설하되 법력을 증장하며, 세간의 애착하는 소견과 방일을 버리고 여의어 욕망의 속박을 끊어 없애며, 보리를 닦아 익혀서 그들의 구하는 바를 따르되 마음이 편안하여 흔들리지 아니하며, 그 뜻을 거스르지 아니하여 다 만족하게 하되 둘이 없는 버리는 행을 항상 따른다.

이 선근으로 이와 같이 회향한다.

이른바 일체 중생이 가장 수승한 눈을 얻어서 일체를 보여 인도하기를 원한다.

일체 중생이 걸림 없는 눈을 얻어서 넓은 지혜의 창고를 열기를 원한다.

일체 중생이 청정한 육안을 얻어서 광명으로 밝게 비치는 것을 능히 가릴 자가 없기를 원한다.

일체 중생이 청정한 천안을 얻어서 중생들의 나고 죽는 업과 과보를 다 보기를 원한다.

일체 중생이 청정한 법안을 얻어서 여래의 경계에 능히 수순하여 들어가기를 원한다.

일체 중생이 지혜안을 얻어서 일체 분별과 집착을 버리고 여의기를 원한다.

일체 중생이 불안을 구족하여 일체 모든 법을 모두 능히 깨닫기를 원한다.

일체 중생이 보안을 성취하여 모든 경계가 다하여도 장애하는 바가 없기를 원한다.

일체 중생이 청정하고 어리석음의 가림을 여읜 눈을 성취하여 중생계가 공하여 없음을 알기를 원한다.

일체 중생이 청정하고 장애 없는 눈을 구족하여 모두 구경에 여래의 십력을 얻기를 원한다.

이것이 보살마하살이 눈을 보시할 때에 선근으로 회향하는 것이니, 중

생들로 하여금 일체 지혜의 청정한
눈을 얻게 하기 위한 까닭이다.

불자들이여, 보살마하살이 능히
귀와 코를 모든 구걸하는 자들에게
보시하기를, 승행왕 보살과 무원승
보살과 그리고 다른 한량없는 모든
보살들같이 한다.

보시할 때에 구걸하는 자에게 친근
하여 오롯한 마음으로 모든 보살들
의 행을 닦아 익히며, 부처님의 종성
을 갖추어 여래가에 태어나며, 모든

보살들이 닦은 바 보시행을 생각한
다.

항상 모든 부처님의 보리를 부지런
히 일으키며, 청정한 모든 근의 공덕
과 지혜로 삼유가 하나도 견고함이
없음을 관찰하며, 모든 부처님과 보
살들을 항상 친견하기를 원하며, 일
체 불법을 수순하여 기억하며, 몸은
허망하고 공하여 없음을 알아서 탐
하거나 아끼는 바가 없다.

보살이 이와 같이 귀와 코를 보시
할 때에 마음이 항상 적정하여 모든

근을 조복하며, 중생들을 험악한 모
든 어려움에서 힘써 건지며, 일체 지
혜와 공덕을 생장하여 큰 보시의 바
다에 들어가며, 법과 이치를 밝게 통
달하여 모든 도를 갖추어 닦으며, 지
혜의 행을 의지하여 법에 자재함을
얻으며, 견고하지 못한 몸으로써 견
고한 몸과 바꾼다.

불자들이여, 보살마하살이 귀를
보시할 때에 모든 선근으로 이와 같
이 회향한다.

이른바 일체 중생이 걸림이 없는 귀

를 얻어 일체 설법하는 소리를 널리 듣기를 원하며, 일체 중생이 막힘이 없는 귀를 얻어 모두 능히 일체 음성을 잘 알기를 원한다.

일체 중생이 여래의 귀를 얻어 일체를 밝게 통달하여 막히는 것이 없기를 원하며, 일체 중생이 청정한 귀를 얻어 이처를 인하여 분별하는 마음을 내지 않기를 원한다.

일체 중생이 어둡지 않은 귀를 얻어 몽매한 식이 필경에 생기지 않게 하기를 원하며, 일체 중생이 법계에

두루하는 귀를 얻어 일체 모든 부처
님의 법음을 다 알기를 원한다.

일체 중생이 걸림이 없는 귀를 얻
어 일체 장애가 없는 법을 깨닫기를
원하며, 일체 중생이 무너뜨릴 수 없
는 귀를 얻어 모든 논리를 잘 알아
능히 무너뜨릴 자가 없기를 원한다.

일체 중생이 널리 듣는 귀를 얻어
광대하고 청정하여 모든 귀의 왕이
되기를 원하며, 일체 중생이 하늘의
귀와 부처님의 귀를 구족하기를 원
한다.

이것이 보살마하살이 귀를 보시할 때에 선근으로 회향하는 것이니, 중생들로 하여금 모두 다 청정한 귀를 얻게 하기 위한 까닭이다.

불자들이여, 보살마하살이 코를 보시할 때에 이와 같이 회향한다.

이른바 일체 중생이 높고 곧은 코를 얻으며, 잘 생긴 코를 얻으며, 좋은 모양의 코를 얻으며, 사랑스러운 코를 얻으며, 깨끗하고 묘한 코를 얻으며, 수순하는 코를 얻으며, 높이 솟은 코를 얻으며, 원수를 굴복시키는 코를 얻으며, 보기 좋은 코를 얻으며, 여래의 코를 얻기를 원한다.

일체 중생이 성내어 분노함을 여읜 얼굴을 얻으며, 일체 법의 얼굴을 얻으며, 장애 없는 얼굴을 얻으며, 보기 좋은 얼굴을 얻으며, 수순하는 얼굴을 얻으며, 청정한 얼굴을 얻으며, 허물을 여읜 얼굴을 얻으며, 여래의 원만한 얼굴을 얻으며, 일체 처에 두루하는 얼굴을 얻으며, 한량없이 아름다운 얼굴을 얻기를 원한다.

이것이 보살마하살이 코를 보시할

때에 선근으로 회향하는 것이다.

중생들로 하여금 구경에 모든 불법에 들어가게 하기 위한 까닭이며, 중생들로 하여금 구경에 모든 불법을 섭수케 하기 위한 까닭이며, 중생들로 하여금 구경에 모든 불법을 분명히 알게 하기 위한 까닭이다.

중생들로 하여금 구경에 모든 불법에 머물러 유지케 하기 위한 까닭이며, 중생들로 하여금 구경에 모든 여래를 항상 친견하게 하기 위한 까닭이며, 중생들로 하여금 부처님 법문

을 모두 다 증득하게 하기 위한 까닭
이다.

중생들로 하여금 구경에 깨뜨릴 수
없는 마음을 성취케 하기 위한 까닭
이며, 중생들로 하여금 다 능히 모든
부처님의 바른 법을 비추어 알게 하
기 위한 까닭이며, 중생들로 하여금
모든 부처님 국토를 널리 다 깨끗이
장엄하게 하기 위한 까닭이며, 중생
들로 하여금 모두 여래의 큰 위신력
의 몸을 얻게 하기 위한 까닭이다.

이것이 보살마하살이 귀와 코를 보

시할 때에 선근으로 회향하는 것이다.

불자들이여, 보살마하살이 견고하고 자재한 지위에 편안히 머물러 치아를 모든 중생들에게 능히 보시하기를, 마치 지난 옛적의 화치왕 보살과 육아상왕 보살과 그리고 다른 한량없는 모든 보살들같이 한다.

보살마하살이 치아를 보시할 때에 그 마음이 청정하고 희유하여 만나기 어려움이 우담화와 같다.

이른바 다함없는 마음으로 보시하며 큰 신심으로 보시하며 걸음걸음 성취하는 한량없이 버리는 마음으로 보시하며 모든 근을 조복하는 마음으로 보시한다.

일체를 다 버리는 마음으로 보시하며 일체지를 원하는 마음으로 보시하며 중생을 안락케 하는 마음으로 보시한다.

크게 보시하며 지극히 보시하며 수승하게 보시하며 가장 수승하게 보시하며 몸에 필요한 것을 내놓으면서

도 싫어하거나 한탄하는 바가 없는 마음으로 보시한다.

보살이 이때에 모든 선근으로 이와 같이 회향한다.

이른바 일체 중생이 예리하고 흰 치아를 얻어 가장 수승한 탑을 이루어 천상과 인간의 공양을 받기를 원한다.

일체 중생이 가지런한 치아를 얻어 부처님의 상호와 같이 성글거나 결함이 없기를 원한다.

일체 중생이 조복하는 마음을 얻어

보살의 바라밀행에 잘 나아가기를 원한다.

일체 중생이 입이 매우 청정하고 치아가 희고 깨끗하여 분명하게 나타나기를 원한다.

일체 중생이 기억할 수 있는 장엄한 치아를 얻어 그 입이 청정하여 나쁜 모양이 없기를 원한다.

일체 중생이 치아를 성취하되 마흔 개를 원만히 갖추고 항상 갖가지 희유하고 미묘한 향기가 나기를 원한다.

일체 중생이 뜻을 잘 조복하고 치아가 곱고 청결하여 흰 연꽃과 같으며 무늬가 돌아서 만(卍)자를 성취하기를 원한다.

일체 중생이 입술이 곱고 청정하고 치아가 희고 깨끗하여 한량없는 광명을 놓아 두루두루 밝게 비치어 빛나기를 원한다.

일체 중생이 치아가 견고하고 예리하여 먹을 적에 온전한 알갱이가 없되 맛에 집착하는 바도 없어서 상품의 복전이 되기를 원한다.

일체 중생이 치아 사이에서 항상 광명을 놓아서 모든 보살들의 제일 수기를 받기를 원한다.

이것이 보살마하살이 치아를 보시할 때에 선근으로 회향하는 것이니, 중생들로 하여금 일체지를 갖추어 모든 법 가운데 지혜가 청정케 하기 위한 까닭이다.

불자들이여, 보살마하살이 만약 어떤 사람이 와서 혀를 구걸하면 구걸하는 자의 처소에 자비한 마음으로 부드럽게 말하고 사랑스럽게 말하기를, 마치 지난 옛적 단정면왕 보살과 불퇴전 보살과 그리고 다른 한량없는 모든 보살들같이 한다.

불자들이여, 보살마하살이 모든 갈래에서 태어났을 때에 한량없는 백천억 나유타 중생들이 와서 혀를 구걸함이 있으면, 보살이 이때 그 사람을 편안하게 하여 사자좌에 앉게 하고 성냄이 없는 마음과 해침이 없는 마음과 한탄하지 않는 마음과 큰 위덕이 있는 마음과 부처님의 종성

에서 나오는 마음과 보살의 머무르
는 데 머무르는 마음과 항상 흐리거
나 어지럽지 않은 마음과 큰 세력에
머무르는 마음과 몸에 집착이 없는
마음과 말에 집착이 없는 마음으로,
두 무릎을 땅에 꿇고 입을 벌리고 혀
를 내어 구걸하는 자에게 보이면서
자애로운 마음과 부드러운 말로 말
한다.

'나의 지금 이 몸은 널리 모두 그대
에게 속한 것이니 내 혀를 가져다가
뜻대로 써서 그대의 소원을 다 만족

케 하라.'고 한다.

보살이 이때에 모든 선근으로 이와 같이 회향한다.

이른바 일체 중생이 두루 넓은 혀를 얻어 모든 언어의 법을 다 능히 펴 보이기를 원하며, 일체 중생이 얼굴을 덮는 혀를 얻어서 말하는 바가 둘이 없어 모두 다 진실하기를 원한다.

일체 중생이 일체 부처님 국토를 널리 덮는 혀를 얻어 모든 부처님의 자재한 신통을 나타내 보이기를 원하며, 일체 중생이 부드럽고 얇은 혀

를 얻어 미묘하고 청정한 최상의 맛
을 항상 느끼기를 원한다.

　일체 중생이 변재의 혀를 얻어 능
히 일체 세간의 의심그물을 끊기를
원하며, 일체 중생이 광명의 혀를 얻
어 수없는 만억 광명을 능히 놓기를
원한다.

　일체 중생이 결정한 혀를 얻어 모
든 법을 분별하여 설하되 끝까지 다
함없기를 원한다.

　일체 중생이 널리 조복하는 혀를
얻어 잘 능히 일체 비밀하고 요긴함

을 열어 보여 있는 바 언설을 모두 믿어 받게 하기를 원한다.

일체 중생이 널리 통달하는 혀를 얻어 일체 언어의 큰 바다에 잘 들어가기를 원한다.

일체 중생이 일체 모든 법문을 잘 설하는 혀를 얻어 언어의 지혜에서 모두 피안에 이르기를 원한다.

이것이 보살마하살이 혀를 보시할 때에 선근으로 회향하는 것이니, 중생들로 하여금 모두 원만하고 걸림 없는 지혜를 얻게 하기 위한 까닭이다.

불자들이여, 보살마하살이 머리를
모든 구걸하러 오는 자들에게 보시
하기를, 마치 최승지 보살과 그리고
대장부인 가시국왕 등 모든 큰 보살
들이 행한 보시와 같이 한다.

일체 법에 들어가는 가장 수승한
지혜의 머리를 성취하려는 것이며,
대보리를 증득하여 중생을 구호하는
머리를 성취하려는 것이며, 일체 법
을 보는 가장 제일인 머리를 구족하

려는 것이다.

바른 소견과 청정한 지혜의 머리를 얻으려는 것이며, 장애 없는 머리를 성취하려는 것이며, 제일 지위의 머리를 증득하려는 것이다.

세간의 가장 수승한 지혜의 머리를 구하기 위함이며, 삼계에서 정수리를 볼 수 없는 청정한 지혜의 머리를 이루려는 것이다.

시방에 널리 이르름을 나타내 보이는 지혜왕의 머리를 얻기 위함이며, 일체 모든 법으로 파괴할 수 없는 자재한 머리를 만족하려는 것이다.

불자들이여, 보살마하살이 이 법에 편안히 머물러 부지런히 닦아 익히면, 곧 모든 부처님의 종성에 이미 들어가서 부처님께서 행하신 보시를 배우고, 모든 부처님 처소에서 청정한 신심을 내어 선근을 증장한다.

모든 구걸하는 자들로 하여금 다 기쁘고 만족함을 얻게 하여 그 마음이 청정하고 기쁨이 한량없으며, 마음이 청정하고 믿고 이해하여 불법을 밝게 비추며, 보리의 뜻을 내고 보시하는 마음에 편안히 머무른다.

모든 근이 기쁘고 즐거워 공덕이 증장하며, 착한 욕락을 내어 항상 광대하게 보시하는 행을 닦아 행하기를 좋아한다.

보살이 이때에 모든 선근으로 이와 같이 회향한다.

이른바 '원컨대 일체 중생이 여래의 머리를 얻어서 볼 수 없는 정수리를 얻으며 일체 처에서 덮어 가릴 수 없으며, 모든 부처님 세계에서 가장 상수가 되며, 그 머리털은 오른쪽으

로 돌고 빛은 깨끗하고 윤택하며, 만
(卍)자로 장엄하게 꾸며 세상에서
희유한 바이며, 부처님의 머리를 구
족하고 지혜의 머리를 성취하여 일체
세간에서 가장 제일가는 머리이며,
구족한 머리가 되며, 청정한 머리가
되며, 도량에 앉아서 원만한 지혜의
머리가 되어지이다.' 라고 한다.

이것이 보살마하살이 머리를 보시
할 때에 선근으로 회향하는 것이니,
중생들로 하여금 가장 수승한 법을
얻어서 위없는 큰 지혜를 이루게 하

기 위한 까닭이다.

불자들이여, 보살마하살이 그 손
과 발을 모든 중생들에게 보시하기
를, 마치 상정진 보살과 무우왕 보살
과 그리고 다른 한량없는 모든 보살
들같이 한다.

모든 갈래 가운데 갖가지로 태어
나는 곳에서 손과 발을 보시한다. 믿
음으로 손이 되어 요익행을 일으키
고, 가거나 돌아오거나 두루 돌아다
님에 부지런히 바른 법을 닦으며, 보

배 손을 얻어 손으로써 보시하고, 가는 곳마다 헛되지 아니하여 보살도를 갖추며, 항상 그 손을 펴서 장차 널리 은혜를 베풀려 하고, 편안한 걸음으로 유행하되 용맹하여 겁이 없으며, 깨끗한 믿음의 힘으로 정진하는 행을 갖추어 나쁜 갈래를 멸하여 없애고 보리를 성취하기를 원한다.

불자들이여, 보살마하살이 이와 같이 보시할 때에 한량없고 가없는 광대한 마음으로 청정한 법문을 열고 모든 부처님 바다에 들어가서 보시하는 손을 성취하여 시방에 두루 나누어 준다.

원력으로 일체 지혜의 도를 마음대로 지니어 구경에 때를 여읜 마음에 머무르며, 법신과 지혜의 몸이 끊어짐도 없고 무너짐도 없어서 일체 마군의 업으로 흔들 수 없으며, 선지식을 의지하여 그 마음이 견고하고 모든 보살들이 보시바라밀을 수행한 것과 같다.

불자들이여, 보살마하살이 모든 중생들을 위하여 일체지를 구하여 손과 발을 보시할 때에 모든 선근으로 이와 같이 회향한다.

이른바 '원컨대 일체 중생이 신통력을 갖추어 모두 보배 손을 얻고, 보배 손을 얻고서는 각각 서로 존경하여 복전이라는 생각을 내어 갖가지 보배로 다시 서로 공양하여지이다.

또 온갖 보배로 모든 부처님께 공양올리고, 미묘한 보배구름을 일으켜 모든 부처님 국토에 두루하며, 모든 중생들로 하여금 서로 인자한 마음을 일으켜 서로 괴롭히고 해치지 않게 하며, 모든 부처님 세계에 노닐되 편안히 머물러 두려움이 없어서 자연히 구경의 신통을 구족하여지이다.

또 모두 보배 손과 꽃 손과 향 손과 옷 손과 일산 손과 화만 손과 가루 향 손과 장엄거리 손과 가없는 손과 한량없는 손과 넓은 손을 얻게 하며, 이러한 손을 얻고는 신통력으로 항상 부지런히 일체 부처님 국토에 나아가 능히 한 손으로 일체 모든 부처님 세계를 두루 만지며, 자재한 손으로 모든 중생들을 보호하며, 미묘한 모양의 손을 얻어 한량없는 광명을 놓으며, 능히 한 손으로 널리 중생들을 덮으며, 여래의 손가락 사이의 그물막과 붉은 구릿빛 손톱 모양을 이루게 하여지이다.' 라고 한다.

보살이 그때에 대원의 손으로써 중생들을 널리 덮으며 원하기를 '일체 중생이 뜻에 위없는 보리를 항상 즐겨 구하여 일체 공덕의 큰 바다를 출생하여지이다.' 라고 하며, 구걸하는 자가 오는 것을 보면 환희하여 싫어함이 없으며, 부처님 법의 바다에 들어가 부처님 선근과 같게 한다.

이것이 보살마하살이 손과 발을 보시할 때에 선근으로 회향하는 것이다.

불자들이여, 보살마하살이 몸을 헐어 피를 내어서 중생들에게 보시하기를, 법업 보살과 선의왕 보살과 그리고 다른 한량없는 모든 보살들같이 한다.

모든 갈래 가운데서 몸의 피를 보시할 때에 일체지를 성취하는 마음을 일으키며, 큰 보리를 기뻐하여 우러르는 마음을 일으키며, 보살행을 닦기를 즐겨하는 마음을 일으킨다.

괴로운 느낌을 가지지 않는 마음을 일으키며, 구걸하는 자 보기를 즐겨하는 마음을 일으키며, 와서 구걸하는 이를 싫어하지 않는 마음을 일으킨다.

일체 보살의 도에 나아가는 마음을 일으키며, 일체 보살의 보시하는 것을 수호하는 마음을 일으키며, 보살의 잘 보시하는 것을 넓히는 마음을 일으키며, 퇴전하지 않는 마음과 쉬지 않는 마음과 자기에게 연연하지 않는 마음을 일으킨다.

모든 선근으로 이와 같이 회향한다.

이른바 '일체 중생이 모두 법신과 지혜의 몸을 성취하기를 원하며, 일체 중생이 고달픔이 없는 몸을 얻어서 마치 금강과 같기를 원한다.

일체 중생이 파괴할 수 없는 몸을

얼어서 상해할 수 없기를 원하며, 일
체 중생이 변화와 같은 몸을 얻어서
세간에 널리 나타나되 다함이 없기
를 원한다.

일체 중생이 사랑스러운 몸을 얻어
서 깨끗하고 미묘하고 견고하기를 원
하며, 일체 중생이 법계에 나는 몸을
얻어서 여래와 같아서 의지할 데가
없기를 원한다.

일체 중생이 미묘한 보배의 광명
과 같은 몸을 얻어서 일체 세상 사람
들이 능히 덮어 가릴 수 없기를 원하

며, 일체 중생이 지혜창고의 몸을 얻어서 죽지 않는 세계에서 자재함 얻기를 원한다.

일체 중생이 보배바다의 몸을 얻어서 보는 이가 모두 이익을 얻어서 헛되이 지나가는 자가 없기를 원하며, 일체 중생이 허공의 몸을 얻어서 세간의 괴로움과 근심이 물들일 수 없기를 원한다.

이것이 보살마하살이 몸의 피를 보시할 때에 대승의 마음과 청정한 마음과 광대한 마음과 기쁜 마음과 경

사스럽고 다행한 마음과 환희한 마음과 더욱 늘어가는 마음과 안락한 마음과 흐리지 않은 마음으로써 선근으로 회향하는 것이다.

불자들이여, 보살마하살이 그 몸의 골수와 살을 구걸하여 구함이 있음을 보고 환희하여 부드러운 언어로 구걸하는 자에게 말하기를 '내 몸의 골수와 살을 뜻 따라 가져가서 쓰라.'고 하여 요익 보살과 일체시왕 보살과 그리고 다른 한량없는 모든 보살들같이 한다.

모든 갈래 중에 갖가지로 태어나는 곳에서 그 골수와 살을 구걸하는 자에게 보시할 때에, 환희함이 넓고 커서 보시하는 마음이 증장하여 모든 보살들같이 선근을 닦아 익힌다.

세간의 티끌과 때를 여의고 깊이 마음에 즐거움을 얻으며, 몸으로 널리 보시하되 마음이 다함이 없으며, 한량없이 광대한 선근을 구족하며, 일체 미묘한 공덕보배를 섭수하여 보살의 법과 같이 받아 행하되 싫어함이 없다.

마음이 보시하는 공덕을 항상 좋아하여 일체를 두루 주되 마음에 후회함이 없으며, 모든 법이 연을 따라 자체가 없음을 자세히 살피고, 보시하는 업과 업의 과보를 탐하지 아니하며, 만나는 바를 따라 평등하게 베풀어 준다.

불자들이여, 보살마하살이 이와 같이 보시할 때에 일체 모든 부처님께서 모두 다 앞에 나타나시니 아버지와 같이 생각하여 호념함을 얻는 까닭이며, 일체 중생이 모두 다 앞에 나타나니 널리 청정한 법에 편안히 머무르게 하는 까닭이다.

일체 세계가 모두 다 앞에 나타나니 일체 부처님의 국토를 청정하게 장엄하는 까닭이며, 일체 중생이 모두 다 앞에 나타나니 대비심으로 널리 구호하는 까닭이다.

일체 부처님의 도가 모두 다 앞에 나타나니 여래의 열 가지 힘을 즐거이 보는 까닭이며, 과거와 미래와 현재의 일체 보살이 모두 다 앞에 나타나니 모든 선근을 함께 원만히 하는 까닭이다.

일체 두려움 없음이 모두 다 앞에 나타나니 능히 최상의 사자후를 하는 까닭이며, 일체 삼세가 모두 다 앞에 나타나니 평등한 지혜를 얻어 널리 관찰하는 까닭이다.

일체 세간이 모두 다 앞에 나타나니 광대한 서원을 내어 미래겁이 다 하도록 보리를 닦는 까닭이며, 일체 보살의 피로해하거나 싫어함이 없는 행이 모두 다 앞에 나타나니 헤아릴 수 없이 광대한 마음을 내는 까닭이다.

불자들이여, 보살마하살이 골수와 살을 보시할 때에 이 선근으로 이와 같이 회향한다.

이른바 일체 중생이 금강의 몸을 얻어서 부슬 수 없기를 원하며, 일체 중생이 견고하고 치밀한 몸을 얻어서 항상 이지러짐이 없기를 원한다.

일체 중생이 뜻대로 태어나는 몸을 얻어서 마치 부처님 몸처럼 장엄이 청정하기를 원하며, 일체 중생이 백

가지 복상의 몸을 얻어서 삼십이상
으로 스스로 장엄되기를 원한다.

일체 중생이 팔십종호의 미묘하게
장엄한 몸을 얻어서 십력을 구족하
여 끊어지거나 무너질 수 없기를 원
하며, 일체 중생이 여래의 몸을 얻어
서 구경에 청정하여 한량할 수 없기
를 원한다.

일체 중생이 견고한 몸을 얻어서
일체 마군들이 파괴할 수 없기를 원
하며, 일체 중생이 한 모양인 몸을
얻어서 삼세의 부처님과 더불어 몸

의 모습이 동일하기를 원한다.

일체 중생이 걸림 없는 몸을 얻어서 청정한 법신이 허공계에 두루하기를 원하며, 일체 중생이 보리장의 몸을 얻어서 일체 세계를 널리 능히 용납하기를 원한다.

이것이 보살마하살이 일체지를 구하여 골수와 살을 보시할 때에 선근으로 회향하는 것이니, 중생들로 하여금 모두 여래의 끝까지 청정하고 한량없는 몸을 얻게 하기 위한 까닭이다.

불자들이여, 보살마하살이 심장을
모든 구걸하러 오는 자들에게 보시
하기를, 무회염 보살과 무애왕 보살
과 그리고 다른 한량없는 모든 보살
들같이 한다.

자기의 심장을 구걸하는 자에게
보시할 때에 자재하게 보시함을 배
우는 마음과, 일체를 보시함을 닦는
마음과, 보시바라밀을 익혀 행하는
마음과, 보시바라밀을 성취하는 마
음과, 일체 보살의 보시를 배우는 마
음으로 한다.

일체를 모두 버리는 다함이 없는 마음과, 일체를 다 보시하는 습관의 마음과, 일체 보살의 보시하던 행을 짊어지는 마음과, 일체 모든 부처님께서 앞에 나타나심을 바르게 생각하는 마음과, 일체 모든 와서 구걸하는 자들에게 공양하되 끊어짐이 없는 마음으로 한다.

보살마하살이 이와 같이 보시할 때에 그 마음이 청정하니 일체 모든 중생들을 제도하기 위한 까닭이며, 십력의 보리처를 얻기 위한 까닭이며,

대원을 의지하여 수행하기 위한 까
닭이다.

보살의 도에 편안히 머무르기 위한
까닭이며, 일체 지혜를 성취하기 위
한 까닭이며, 본래의 서원을 버리고
여의지 않기 위한 까닭이다.

모든 선근으로 이와 같이 회향한
다.

이른바 '원컨대 일체 중생이 금강
장의 마음을 얻어 일체 금강위산 등
이 깨뜨릴 수 없어지이다.' 라고 한다.

'원컨대 일체 중생이 만(卍)자 모

양으로 장엄한 금강계의 마음을 얻으며, 동요할 수 없는 마음을 얻으며, 두렵게 할 수 없는 마음을 얻어지이다.

세상을 이익하게 함에 항상 다함없는 마음을 얻으며, 크게 용맹한 깃대 같은 지혜장의 마음을 얻으며, 나라연처럼 견고한 깃대 같은 마음을 얻어지이다.

중생바다와 같이 다할 수 없는 마음을 얻으며, 나라연장의 깨뜨릴 수 없는 마음을 얻으며, 모든 마군들의

업과 마군 무리들을 멸하는 마음을
얻으며, 두려울 것 없는 마음을 얻어
지이다.

큰 위덕 있는 마음을 얻으며, 항상
정진하는 마음을 얻으며, 크게 용맹
한 마음을 얻으며, 놀라거나 두려워
하지 않는 마음을 얻으며, 금강의
갑옷과 투구를 입는 마음을 얻으며,
모든 보살들의 최상의 마음을 얻어
지이다.

부처님의 법을 성취하는 보리 광
명의 마음을 얻으며, 보리수 아래에

앉아서 일체 모든 부처님의 바른 법에 편안히 머물러 모든 미혹을 여의고 일체 지혜를 이루는 마음을 얻으며, 십력을 성취하는 마음을 얻어지이다.'라고 한다.

이것이 보살마하살이 심장을 보시할 때에 선근으로 회향하는 것이니, 중생들로 하여금 세간에 물들지 않고 여래 십력의 마음을 구족하게 하기 위한 까닭이다.

불자들이여, 보살마하살이 만약

어떤 이가 창자와 콩팥과 간과 허파를 구걸하면 모두 다 보시하기를, 선시 보살과 항마자재왕 보살과 그리고 다른 한량없는 모든 큰 보살들같이 한다.

이 보시를 행할 때에 구걸하는 자가 오는 것을 보고 그 마음이 환희하여 사랑하는 눈으로 관하며, 보리를 구하기 위하여 그 필요한 것을 따라서 모두 다 보시하되 마음이 중간에 후회하지 않는다. 이 몸은 견고하지 못함을 관찰하여 내가 응당 그들에

게 보시하여 견고한 몸을 취하리라
고 한다.

다시 생각하기를 '이 몸은 이윽고
곧 부서지고 무너져서 보는 자가 싫
어하고, 여우나 이리나 굶주린 개가
먹을 것이다. 이 몸은 무상하여 모이
면 마땅히 버려져서 저들에게 먹히
는 바가 되어도 알지 못하리라.'고
한다.

불자들이여, 보살마하살이 이렇게
관할 때에 몸은 무상하여 더러움의
극치인줄 알고, 법을 깨달아 크게 환

희하며, 저 와서 구걸하는 자를 공
경하는 마음으로 자세히 보되 마치
선지식이 와서 구호하려는 듯이 생
각하고, 구걸하는 바를 따라 베풀지
않음이 없어서 견고하지 못한 몸으
로 견고한 몸과 바꾼다.

불자들이여, 보살마하살이 이와
같이 보시할 때에 있는 바 선근을 모
두 회향한다.

일체 중생이 지혜장의 몸을 얻어
안과 밖이 청정하기를 원한다.

일체 중생이 복장의 몸을 얻어 능

히 일체지의 원을 널리 지니기를 원
한다.

일체 중생이 가장 미묘한 몸을 얻
어 안으로는 묘한 향이 쌓이고 밖으
로는 광명을 발하기를 원한다.

일체 중생이 배가 드러나지 않는
몸을 얻어 위와 아래가 곧고 단정하
여 팔다리가 서로 알맞기를 원한다.

일체 중생이 지혜의 몸을 얻어 불
법의 맛으로써 만족하고 기쁘게 자
라나기를 원한다.

일체 중생이 다함없는 몸을 얻어

깊고 깊은 법의 성품에 편안히 머무르도록 닦고 익히기를 원한다.

일체 중생이 다라니 청정장의 몸을 얻어 미묘한 변재로 모든 법을 나타내 보이기를 원한다.

일체 중생이 청정한 몸을 얻어 몸과 마음이 안팎으로 모두 깨끗해지기를 원한다.

일체 중생이 여래의 지혜로 깊이 관하고 행하는 몸을 얻어 지혜가 충만하여 큰 법비를 내리기를 원한다.

일체 중생이 안으로 고요한 몸을

얻고 밖으로 중생들을 위하여 지혜 깃대 왕이 되어 큰 광명을 놓아 일체를 널리 비추기를 원한다.

이것이 보살마하살이 창자와 콩팥과 간과 폐를 보시하여 선근으로 회향하는 것이니, 중생들로 하여금 안과 밖이 청정하여 모두 걸림 없는 지혜에 편안히 머무름을 얻게 하기 위한 까닭이다.

불자들이여, 보살마하살이 구걸하는 자에게 팔다리와 모든 뼈를 보시하기를, 법장 보살과 광명왕 보살과 그리고 다른 한량없는 모든 큰 보살들같이 한다.

그 몸의 부분이나 팔다리의 뼈를 보시할 때에 구걸하는 자가 오는 것을 보면 사랑하는 마음과 환희한 마음과 청정하게 믿는 마음과 안락한 마음과 용맹한 마음과 자애로운 마음과 걸림 없는 마음과 청정한 마음과 구걸하는 바를 따라 모두 주는 마음을 낸다.

보살마하살이 몸과 뼈를 보시할 때

에 모든 선근으로 이와 같이 회향한
다.

　이른바 일체 중생이 변화함과 같은
몸을 얻어 다시는 뼈와 살과 피로 된
몸을 받지 않기를 원하며, 일체 중생
이 금강의 몸을 얻어 파괴할 수도 없
고 능히 이길 자도 없기를 원한다.

　일체 중생이 일체 지혜가 원만한
법신을 얻어 속박이 없고 집착이 없
고 얽매임이 없는 세계에 나기를 원
하며, 일체 중생이 지혜의 힘으로 된
몸을 얻어 모든 근이 원만하여 끊어

지지 않고 무너지지 않기를 원한다.

일체 중생이 법력의 몸을 얻어 지혜의 힘이 자재하여 저 언덕에 이르기를 원하며, 일체 중생이 견고한 몸을 얻어 그 몸이 곧고 진실하여 항상 파괴되어 흩어짐이 없기를 원한다.

일체 중생이 따라 응하는 몸을 얻어 일체 중생을 교화하고 조복하기를 원하며, 일체 중생이 지혜로 훈습한 몸을 얻어 나라연처럼 팔다리에 큰 힘을 갖추기를 원한다.

일체 중생이 견고하고 서로 이어져

끊어지지 않는 몸을 얻어 일체 피곤하고 고달픔을 영원히 여의기를 원하며, 일체 중생이 큰 힘으로 편안히 머무르는 몸을 얻어 정진하는 큰 힘을 모두 능히 구족하기를 원한다.

일체 중생이 세간에 두루하는 평등한 법의 몸을 얻어 한량없고 가장 높은 지혜의 자리에 머무르기를 원하며, 일체 중생이 복덕의 힘으로 된 몸을 얻어서 보는 자는 이익을 받고 온갖 악을 멀리 여의기를 원한다.

일체 중생이 의지할 데 없는 몸을

얻어서 모두 의지하여 집착함이 없는 지혜를 구족하기를 원하며, 일체 중생이 부처님께서 거두어 주시는 몸을 얻어서 항상 일체 모든 부처님의 가호해 주심이 되기를 원한다.

일체 중생이 모든 중생들을 널리 요익하게 하는 몸을 얻어서 다 능히 일체 모든 갈래에 두루 들어가기를 원하며, 일체 중생이 널리 나타나는 몸을 얻어서 널리 일체 불법을 능히 비추어 드러내기를 원한다.

일체 중생이 구족하게 정진하는 몸

을 얻어서 오롯한 생각으로 대승의 지혜와 행을 부지런히 닦기를 원하며, 일체 중생이 아만이 공고함을 여읜 청정한 몸을 얻어서 지혜가 항상 편안히 머물러 동요함이 없기를 원한다.

일체 중생이 견고한 행의 몸을 얻어 대승의 일체 지혜의 업을 성취하기를 원하며, 일체 중생이 부처님 가문의 몸을 얻어 세간의 일체 생사를 영원히 여의기를 원한다.

이것이 보살마하살이 몸과 뼈를 보

시할 때에 선근으로 회향하는 것이
니, 중생들로 하여금 일체지를 얻어
서 길이 청정함을 얻게 하기 위한 까
닭이다.

불자들이여, 보살마하살이 어떤
사람이 와서 손에 날카로운 칼을 잡
고 그 몸의 피부를 구걸하는 것을 보
고 마음이 환희하고 모든 근이 기뻐
하고 즐거워한다. 비유하면 어떤 사
람이 무거운 은혜를 베풀어서 맞아
들여 자리를 펴 앉게 하고 몸을 굽

혀 공경하듯이 하며 이런 생각을 한다.

'이렇게 와서 구걸하는 자는 매우 만나기 어렵다. 이는 나의 일체 지혜와 원을 만족하게 하려고 일부러 와서 구하여 찾는 것이니 나에게 요익한 일이다.'라 하고, 환희롭고 온화한 얼굴로 말하되, '나는 지금 이 몸의 일체를 다 버릴 것이니 필요한 피부는 뜻 따라 취하여 쓰라.'고 한다.

마치 지난 옛적 청정장 보살과 금협록왕 보살과 그리고 다른 한량없

는 모든 큰 보살들과 같아서 다름이
없이 한다.

　보살이 이때에 모든 선근으로 이와
같이 회향한다.

　이른바 일체 중생이 미세한 피부를
얻어서 마치 여래의 색상이 청정하
듯이 보는 자가 싫어함이 없기를 원
한다.

　일체 중생이 파괴할 수 없는 피부
를 얻어서 마치 금강과 같아 능히 깨
뜨릴 자가 없기를 원한다.

　일체 중생이 금색 피부를 얻어서

마치 염부단의 가장 미묘한 진금과 같이 청정하고 밝고 깨끗하기를 원한다.

일체 중생이 한량없는 색의 피부를 얻어서 그 마음에 좋아하는 대로 청정한 색을 나타내기를 원한다.

일체 중생이 깨끗하고 미묘한 색의 피부를 얻어서 사문의 참으로 유연하고 청정함과 여래의 색상을 구족하기를 원한다.

일체 중생이 제일가는 색의 피부를 얻어서 제 성품이 청정하고 색상이 견줄 데 없기를 원한다.

일체 중생이 여래의 청정한 색의 피부를 성취하여 모든 상호로 스스로 장엄하기를 원한다.

일체 중생이 미묘한 색의 피부를 얻어서 큰 광명을 놓아 일체를 널리 비추기를 원한다.

일체 중생이 밝은 그물무늬의 피부를 얻어서 세상의 높은 깃대처럼 말할 수 없이 원만한 광명을 놓기를 원한다.

일체 중생이 윤택한 색의 피부를

얻어서 일체 색상이 모두 다 청정하기를 원한다.

이것이 보살마하살이 몸의 피부를 보시할 때에 선근으로 회향하는 것이니, 중생들로 하여금 모두 일체 깨끗하게 장엄된 부처님 세계를 얻어서 여래의 큰 공덕을 구족케 하기 위한 까닭이다.

불자들이여, 보살마하살이 손가락과 발가락을 모든 구걸하는 자들에게 보시하기를, 견정진 보살과 염부

제자재왕 보살과 그리고 다른 한량 없는 모든 큰 보살들같이 한다.

보살이 그때에 얼굴이 온화하고 기쁘며 그 마음이 편안하고 선하며 전도됨이 없이 대승을 타고 아름답고자 함을 구하지도 않으며 명예를 숭상하지도 않는다.

다만 보살의 광대한 뜻을 내어 간탐과 질투의 일체 모든 때를 멀리 여의고 오로지 여래의 위없는 묘한 법을 향한다.

불자들이여, 보살마하살이 이와

같이 보시할 때에 모든 선근을 거두어 다 회향한다.

일체 중생이 가늘고 긴 손가락을 얻어 부처님과 다름이 없기를 원하며, 일체 중생이 고르고 원만한 손가락을 얻어 위아래가 서로 알맞기를 원한다.

일체 중생이 붉은 구릿빛 손톱의 손가락을 얻어 손톱이 볼록하고 청정하여 거울처럼 투명하기를 원하며, 일체 중생이 일체 지혜로 수승한 장부의 손가락을 얻어 일체 모든 법을 다 능히 거두어 지니기를 원한다.

일체 중생이 잘 생긴 손가락을 얻어 십력을 구족하기를 원하며, 일체 중생이 대인의 손가락을 얻어 가늘고 고르고 가지런하기를 원한다.

일체 중생이 바퀴살 모양의 손가락을 얻어 손가락 마디가 원만하고 무늬 모양이 오른쪽으로 돌기를 원하며, 일체 중생이 연꽃 같은 만(卐)자 모양으로 손금이 도는 손가락을 얻어 십력의 업보로 상호가 장엄하기를 원한다.

일체 중생이 광명장의 손가락을 열
어 큰 광명을 놓아 말할 수 없는 모
든 부처님 세계를 비추기를 원하며,
일체 중생이 잘 편하게 펴지는 손가
락을 얻어 정교하게 분포된 비단 그
물무늬가 구족하기를 원한다.

　　이것이 보살마하살이 손가락을 보
시할 때에 선근으로 회향하는 것이
니, 중생들로 하여금 일체가 모두 청
정한 마음을 얻게 하기 위한 까닭이
다.

불자들이여, 보살마하살이 법을 청하여 구할 때에 만약 어떤 사람이 말하기를 '그대가 능히 살에 닿아 있는 손톱을 나에게 보시한다면 마땅히 그대에게 법을 주리라.'고 하면 보살이 대답하여 말하기를 '단지 나에게 법만 주고 살에 닿아 있는 손톱은 뜻 따라 취하여 쓰라.'고 한다.

마치 구법자재왕 보살과 무진 보살과 그리고 다른 한량없는 모든 큰 보살들같이 한다.

법을 구하기 위한 까닭이며, 바른

법을 열어 보이고 연설하여 중생들을 요익케 하여, 일체가 모두 만족함을 얻게 하려는 까닭으로 살에 닿아 있는 손톱을 보시하여 모든 구걸하는 자들에게 준다.

보살이 이때에 이 선근으로 이와 같이 회향한다.

이른바 일체 중생이 다 모든 부처님의 붉은 구릿빛 모양의 손톱을 얻기를 원하며, 일체 중생이 윤택한 손톱을 얻어 잘 생긴 모습으로 장엄하기를 원한다.

일체 중생이 빛나고 깨끗한 손톱을 얻어 거울처럼 투명한 것이 제일이기를 원하며, 일체 중생이 일체지의 손톱을 얻어 대인의 모습을 갖추기를 원한다.

일체 중생이 견줄 데 없는 손톱을 얻어 모든 세간에 물들고 집착함이 없기를 원한다.

일체 중생이 미묘하게 장엄한 손톱을 얻어 광명이 일체 세간을 널리 비추기를 원한다.

일체 중생이 깨뜨릴 수 없는 손톱

을 얻어 청정하고 모자람이 없기를 원한다.

일체 중생이 일체 불법에 들어가는 방편 모양의 손톱을 얻어 광대한 지혜가 모두 다 청정하기를 원한다.

일체 중생이 선함으로 생긴 손톱을 얻어 보살의 업과 과보가 청정하고 미묘하지 않음이 없기를 원한다.

일체 중생이 일체지를 가진 대도사의 손톱을 얻어 한량없는 색의 미묘한 광명장을 놓기를 원한다.

이것이 보살마하살이 법을 구하기

위한 까닭으로 살에 닿아 있는 손톱을 보시할 때에 선근으로 회향하는 것이니, 중생들로 하여금 모든 부처님의 일체지의 손톱과 걸림 없는 힘을 구족케 하기 위한 까닭이다.

불자들이여, 보살마하살이 부처님의 법장을 구함에 공경하고 존중하며 얻기 어렵다는 생각을 내니, 어떤 능히 설할 자가 와서 말하기를 '만약 일곱 길의 불구덩이에 능히 몸을 던진다면 마땅히 그대에게 법을 베풀어 주리라.'고 하면 보살이 듣고는 환희 용약하며 이렇게 사유한다.

'내가 법을 위하는 까닭으로 오히려 아비지옥 등 일체 나쁜 갈래에 오래 머무르면서 한량없는 고통을 받아야 하는데, 어찌 하물며 인간의 불구덩이에 잠깐 들어가서 곧 법을 들을 수 있는 일이겠는가?

기이하다. 바른 법을 매우 쉽게 얻게 되다니, 지옥의 한량없는 고초를 받지 않고 단지 불구덩이에 들어가면 곧 문득 들을 수 있으니 단지 나를 위하여 설하라, 내가 불구덩이에 들어가리라.'고 한다.

구선법왕 보살과 금강사유 보살같이 법을 구하기 위한 까닭으로 불구덩이에 들어간다.

보살이 그때에 이 선근으로 이와 같이 회향한다.

이른바 일체 중생이 부처님께서 머무르시는 일체 지혜의 법에 머물러 위없는 보리에서 길이 퇴전하지 않기를 원한다.

일체 중생이 모든 험난함을 여의어

부처님의 안락을 받기를 원한다.

일체 중생이 두려움 없는 마음을 얻어서 모든 공포를 여의기를 원한다.

일체 중생이 항상 즐거이 법을 구하여 기쁘고 즐겁게 온갖 법으로 장엄함을 구족하기를 원한다.

일체 중생이 모든 나쁜 갈래를 여의어 일체 삼독의 거센 불을 멸하여 없애기를 원한다.

일체 중생이 항상 안락함을 얻어서 여래의 가장 미묘하고 즐거운 일을 구족하기를 원한다.

일체 중생이 보살의 마음을 얻어서 일체 탐욕과 성냄과 어리석음의 불을 영원히 여의기를 원한다.

일체 중생이 모두 보살의 모든 삼매의 낙을 얻어서 널리 모든 부처님을 친견하고 마음이 크게 환희하기를 원한다.

일체 중생이 바른 법을 잘 말하며 법을 끝까지 항상 잊지 않기를 원하며, 일체 중생이 보살의 신통과 미묘한 낙을 구족하여 구경에 일체종지에 편안히 머무르기를 원한다.

이것이 보살마하살이 바른 법을 구하기 위하여 불구덩이에 던질 때에 선근으로 회향하는 것이니, 중생들로 하여금 장애되는 업을 떠나서 모두 지혜의 불을 구족케 하기 위한 까닭이다.

불자들이여, 보살마하살이 바른 법을 구하기 위하여 분별하여 연설하며, 보살의 도를 열고 보리의 길을 보이며, 위없는 지혜에 나아가며, 십력을 부지런히 닦으며, 일체지의 마음을 널리 보이어 걸림 없는 지혜의 법을 얻어서 중생들로 하여금 청정하여 보살의 경계에 머무르게 하며, 큰 지혜를 부지런히 닦아서 부처님의 보리를 보호할 때에 몸으로 한량 없는 고뇌를 갖추어 받는다.

구선법 보살과 용맹왕 보살과 그리고 다른 한량없는 모든 큰 보살들같이 한다.

법을 구하기 위한 까닭으로 한량없는 고초를 받으며 내지 바른 법을 비

방하고 악업에 덮이고 마군의 업에 붙들린 매우 악한 사람들을 거두어 주어 그들이 마땅히 받아야 할 일체 고뇌를, 법을 구하는 까닭으로 모두 다 받는다.

이 선근으로 이와 같이 회향한다.

이른바 일체 중생이 일체 고뇌의 핍박을 영원히 여의고 안락하며 자재한 신통을 성취하기를 원하며, 일체 중생이 모든 고통을 길이 여의고 일체 낙을 얻기를 원한다.

일체 중생이 괴로움의 덩어리를 영

원히 없애고 환히 나타내는 몸을 얻
어서 항상 안락함 받기를 원하며, 일
체 중생이 고통의 옥에서 벗어나 지
혜의 행을 성취하기를 원한다.

일체 중생이 안온한 도를 보아서
모든 나쁜 갈래를 여의기를 원하며,
일체 중생이 법의 희락을 얻어서 온
갖 고통을 영원히 끊기를 원한다.

일체 중생이 온갖 고통을 영원히
뽑아버리고 서로 자애하여 해치려는
마음이 없기를 원하며, 일체 중생이
모든 부처님의 즐거움을 얻어서 생

사의 고통을 여의기를 원한다.

　일체 중생이 청정하여 견줄 데 없는 안락을 성취하여 일체 고뇌가 해칠 수 없기를 원하며, 일체 중생이 일체 수승한 낙을 얻어서 구경에 부처님의 걸림 없는 낙을 구족하기를 원한다.

　이것이 보살마하살이 법을 구하기 위한 까닭으로 온갖 고통을 받을 때에 선근으로 회향하는 것이니, 일체 중생을 구호하여 험난함을 여의고 일체 지혜로 장애 없이 해탈하는 곳에 머무르게 하기 위한 까닭이다.

불자들이여, 보살마하살이 국왕의 지위에 있으면서 바른 법을 구할 때에 내지 다만 한 문장 한 글자나 한 구절 한 뜻만을 위해서도 얻기 어렵다는 생각을 낸다.

바다 안에 있는 바, 가깝거나 멀거나 국토와 성읍과 백성들과 창고와 동산과 못과 가옥과 숲과 꽃과 과일을 능히 모두 버리며, 내지 일체 진귀하고 기묘한 물건과 궁전과 누각과

처자 권속과 그리고 왕위도 모두 능히 버리고 견고하지 못한 가운데서 견고한 법을 구하며, 일체 중생을 이익하게 하기 위하여 모든 부처님의 걸림 없는 해탈의 끝까지 청정한 일체지의 도를 부지런히 구한다.

마치 대세덕 보살과 승덕왕 보살과 그리고 다른 한량없는 모든 보살들 같이 한다.

바른 법을 부지런히 구하며 내지 지극히 적은 한 글자를 위하여서도 오체를 땅에 엎드리고 삼세의 일체

부처님 법을 바르게 생각하여 사랑
하고 즐기고 닦아 익히며 길이 명예
와 이양을 탐착하지 아니한다.

모든 세간의 자재한 왕의 지위를
버리고 부처님의 자재하신 법왕의
지위를 구하며, 세간의 즐거움에 마
음이 집착하는 바가 없고 출세간법
으로 그 마음을 기르며, 세간의 일체
희론을 영원히 떠나고 모든 부처님의
희론 없는 법에 머무른다.

보살이 이때에 모든 선근으로 이와
같이 회향한다.

이른바 일체 중생이 항상 보시하기를 즐겨하고 일체를 모두 버리기를 원한다.

일체 중생이 가진 것을 능히 버리되 마음이 중간에 후회함이 없기를 원한다.

일체 중생이 바른 법을 항상 구하고, 몸과 목숨과 살림 도구를 아끼지 않기를 원한다.

일체 중생이 모두 법의 이익을 얻어서 일체 중생의 의혹을 능히 끊기를 원한다.

일체 중생이 선한 법에 대한 욕망을 얻어서 마음이 항상 모든 부처님의 바른 법을 즐겨하기를 원한다.

일체 중생이 부처님 법을 구하기 위하여 몸과 목숨과 왕의 지위까지 능히 버리고 큰 마음으로 위없는 보리를 닦기를 원한다.

일체 중생이 바른 법을 존중하여 항상 깊이 좋아하고 몸과 목숨을 아끼지 말기를 원한다.

일체 중생이 모든 부처님의 매우 얻기 어려운 법을 보호해 지니며 항상 부지런히 닦아 익히기를 원한다.

일체 중생이 다 모든 부처님의 보리 광명을 얻어서 보리행을 이루되 다른 이를 말미암아 깨닫지 않기를 원한다.

일체 중생이 항상 능히 일체 불법을 관찰하여 의심의 화살을 뽑아 없애고 마음이 안온함을 얻기를 원한다.

이것이 보살마하살이 바른 법을 구하기 위하여 국토와 성곽을 버릴 때에 선근으로 회향하는 것이니, 중생들로 하여금 알고 보는 것이 원만하여 안온한 도에 항상 머무름을 얻게 하기 위한 까닭이다.

불자들이여, 보살마하살이 큰 나라의 왕이 되어 법에 자재하며 널리 명령을 내리어 살생하는 일을 없애게 한다.

염부제 안의 성읍과 마을에서 일체 도살을 모두 금하여 끊게 하고, 발 없거나 두 발이거나 네 발이거나 여러 발의 갖가지 살아있는 무리들에게 널리 두려움이 없음을 보시하고 속여서 빼앗는 마음이 없다.

일체 보살의 모든 행을 널리 닦아 인자하게 만물을 대하고 침범하여 괴롭히지 아니하며, 미묘한 보배로운 마음을 내어 중생들을 안온하게 하며, 모든 부처님 처소에서 깊이 즐거운 뜻을 세우고 항상 스스로 세 가지 청정한 계에 편안히 머무르며, 또한 중생들로 하여금 이와 같이 편안히 머무르게 한다.

보살마하살이 모든 중생들로 하여

금 오계에 머물러 살생의 업을 영원히 끊게 한다.

이 선근으로 이와 같이 회향한다.

이른바 일체 중생이 보살심을 내어 지혜를 구족하고 수명을 길이 보전하여 끝내 다함이 없기를 원한다.

일체 중생이 한량없는 겁에 머물러 일체 부처님께 공양올리되 공경하고 부지런히 닦아 수명을 더욱 증장하기를 원한다.

일체 중생이 늙고 죽음을 떠나는 법을 구족하게 수행하여 일체 재앙의 독이 그 목숨을 해치지 않기를 원한다.

일체 중생이 병의 괴로움이 없는 몸을 구족하게 성취하고 수명이 자재하여 능히 뜻 따라 머무르기를 원한다.

일체 중생이 다함없는 목숨을 얻어 미래 겁이 다하도록 보살행에 머물러 일체 중생을 교화하고 조복하기를 원한다.

일체 중생이 오래 사는 문이 되어 십력의 선근이 그 가운데서 증장하기를 원한다.

일체 중생이 선근이 구족하고 다함없는 목숨을 얻어 대원을 원만히 이루기를 원한다.

일체 중생이 다 모든 부처님을 친견하여 공양올리고 받들어 섬기며, 다함없는 수명을 살면서 선근을 닦아 모으기를 원한다.

일체 중생이 여래의 처소에서 배울 것을 잘 배우면서 거룩한 법의 기쁨과 다함없는 수명을 얻기를 원한다.

일체 중생이 늙지도 않고 병들지도

않으면서 항상 명근에 머물러 용맹하게 정진하여 부처님의 지혜에 들어가기를 원한다.

이것이 보살마하살이 삼취정계에 머물러서 살생하는 업을 영원히 끊고 선근으로 회향하는 것이니, 중생들로 하여금 부처님의 십력과 원만한 지혜를 얻게 하기 위한 까닭이다.

불자들이여, 보살마하살이 어떤 중생이 마음에 잔인함을 품어 모든 사람들이나 축생들에게 있는 바 남

자의 형체를 훼손하여 불구의 몸을
만들어 모든 독한 고초를 받게 함을
보고, 이 일을 보고서는 대자비를 일
으켜 불쌍히 여겨 그를 구원하되, 염
부제의 일체 사람들로 하여금 이런
업을 다 버리게 한다.

보살이 그때에 그 사람에게 말하
기를 '그대는 어찌하여 이런 악업을
짓는가? 내가 창고에 백천만억 일체
즐길거리가 모두 다 충만하여, 그대
가 필요로 하는 것을 따라서 모두 마
땅히 다 줄 것이다.

그대가 하는 것은 온갖 죄를 내게 하는 원인이다. 내가 이제 그대에게 권하노니 그런 일을 하지 말라. 그대가 짓는 업은 도리에 맞지 않으니, 설사 얻을 바가 있더라도 무엇에 쓸 수 있겠는가.

다른 이를 해쳐서 자기를 이익하게 하는 것은 마침내 옳은 도리가 아니며, 이와 같은 악행과 모든 선하지 않은 법은 일체 여래께서 칭찬하시지 않는 것이다.' 라고 한다.

이렇게 말하고는 곧 소유한 일체

즐길거리를 모두 다 베풀어 준다.

다시 좋은 말로 미묘한 법을 설하여 그를 기쁘고 즐겁게 한다. 이른바 적정한 법을 보여 그로 하여금 믿어 받게 하며, 착하지 못한 것을 멸하여 없애고 청정한 업을 닦아 행하게 하며, 서로 인자한 마음을 일으켜 서로 해치지 않게 하니, 그 사람이 듣고는 영원히 죄악을 버린다.

보살이 그때에 이 선근으로 이와 같이 회향한다.

이른바 일체 중생이 장부의 형체를

갖추되, 여래의 마음장상을 성취하기를 원하며, 일체 중생이 남자의 형체를 갖추고 용맹한 마음을 내어 모든 범행을 닦기를 원한다.

일체 중생이 용맹한 힘을 갖추고 항상 주도자가 되어 걸림 없는 지혜에 머물러 길이 퇴전하지 않기를 원하며, 일체 중생이 모두 구족한 대장부의 몸을 얻고 길이 욕심을 여의어 물들지 않기를 원한다.

일체 중생이 모두 선남자를 성취하는 법을 얻어서 지혜가 증장하여 모든 부처님께서 칭찬하시는 바이기를 원하며, 일체 중생이 널리 대인의 힘을 갖추고 항상 능히 십력의 선근을 닦아 익히기를 원한다.

일체 중생이 남자의 형상을 영원히 잃지 말고 항상 복덕과 지혜의 미증유한 법을 닦기를 원하며, 일체 중생이 오욕 가운데 집착함도 없고 속박됨도 없어서 마음이 해탈을 얻고 삼유를 싫어하여 여의고 보살의 행에 머무르기를 원한다.

일체 중생이 제일의 지혜 있는 장

부를 성취하여 일체가 우러러 믿으며 그 교화에 복종하기를 원하며, 일체 중생이 보살 장부의 지혜를 구족하여 오래지 않아 마땅히 위없는 큰 영웅이 되기를 원한다.

이것이 보살마하살이 일체 남자 형체를 훼손함을 금하여 끊어서 선근으로 회향하는 것이다. 중생들로 하여금 장부의 형상을 갖추게 하여 모두 능히 모든 선한 장부를 수호하며, 성현의 가문에 태어나 지혜가 구족하고 항상 부지런히 장부의 수승한 행을 닦아서 장부의 작용이 있어서 일곱 가지 장부의 도를 교묘하게 능히 나타내 보인다.

모든 부처님의 선한 장부의 종성을 구족하며, 장부의 바른 가르침과 장부의 용맹과 장부의 정진과 장부의 지혜와 장부의 청정을 널리 중생들로 하여금 끝까지 다 얻게 한다."

회
향
송

아차보현수승행
무변승복개회향
보원침익제중생
속왕무량광불찰

시방삼세일체불
제존보살마하살
마하반야바라밀

我此普賢殊勝行

無邊勝福皆迴向

普願沈溺諸眾生

速往無量光佛剎

十方三世一切佛

諸尊菩薩摩訶薩

摩訶般若波羅蜜

大方廣佛華嚴經

부록

•

대방광불화엄경 목차

•

간행사

대방광불화엄경
목차

간 행 사

　귀의삼보 하옵고,

　『대방광불화엄경』의 수지 독송과 유통을 발원하면서 수미정사 불전연구원에서 『독송본 한문·한글역 대방광불화엄경』과 『사경본 한글역 대방광불화엄경』을 편찬하여 간행하게 되었습니다.

　『화엄경』은 우리나라에 전래된 이래 일찍부터 사경되고 주석·강설되어 왔으며 근현대에 이르러서는 『화엄경』의 한글 번역과 연구도 부쩍 많이 이루어졌습니다. 그만큼 『화엄경』이 우리 불자님들의 신행과 해탈에 큰 의지처가 되었던 것임을 알 수 있습니다.

　『화엄경』을 독송하고 사경하는 공덕은 설법 공덕과 함께 크게 강조되어 왔습니다. 그리하여 수미정사 불전연구원에서도 『화엄경』(80권)을 독송하고 사경하는 데 도움이 되도록 한문 원문과 한글역을 함께 수록한 독송본과 한글역의 사경본 『화엄경』 간행불사를 발원하였습니다. 이 『화엄경』 간행불사에 뜻을 같이하여 적극 후원해주신 스님들과 재가 불자님들께 깊이 감사드립니다. 또한 『화엄경』을 수지 독송할 수 있도록 경책의 모습으로 장엄해 주신 편집위원들과 담앤북스 출판사 관계자들께도 고마움을 표합니다.

　끝으로 이 불사의 원만 회향으로 『화엄경』이 널리 유통되고, 온 법계에 부처님의 가피가 충만하시길 기원드립니다.

　나무 대방광불화엄경

불기 2564년 '부처님오신날'을 봉축하며
수미해주 합장

위태천신(동진보살)

수미해주 須彌海住

동국대학교 명예교수
중앙승가대학교 법인이사
대한불교조계종 수미정사 주지

사경본 한글역
대방광불화엄경 제27권

| **초판 1쇄 발행**_ 2022년 8월 24일

| **엮은이**_ 수미해주
| **엮은곳**_ 수미정사 불전연구원
| **편집위원**_ 해주 수정 경진 선초 정천 석도 박보람 최원섭
| **편집보**_ 무이 무진 지욱 혜명

| **펴낸이**_ 오세룡
| **펴낸곳**_ 담앤북스
　　　　　서울특별시 종로구 새문안로3길 23 경희궁의 아침 4단지 805호
　　　　　대표전화 02)765-1251　전자우편 damnbooks@hanmail.net
　　　　　출판등록 제300-2011-115호
| ISBN_　979-11-6201-175-1　04220

정가 10,000원
ⓒ 수미해주 2022